Elke Walker
Beziehungen

Der 1zu1 »Taschen-Workshop«
32 Fragen zum selber Beantworten und einige 1zu1-Gedanken dazu

1 zu 1
Verlag

Walker, Elke: Beziehungen, Der 1zu1 »Taschen-Workshop«
32 Fragen zum selber Beantworten und einige 1zu1-Gedanken dazu.

ISBN 3-9521678-3-5

1. Auflage November 2000

© 2000 1zu1-Verlag, CH-3046 Wahlendorf

Satz & Umschlaggestaltung: Elke Walker, CH-Wahlendorf
Layout: Björn Walker, CH-Wahlendorf
Illustration: David Levine, CH-Bern
Belichtung & Druck: Druckerei Oppliger, CH-Bern
Vertrieb (zur Zeit): 1zu1 Erfolg durch Bewusst-Sein, 1zu1-Verlag, Dörfli 1, CH-3046 Wahlendorf,
Telefon +41 31 828 80 88, Fax +41 31 828 80 80
Web: http://www.1zu1.ch, elke@1zu1.ch oder bjoern@1zu1.ch

Alle Rechte, insbesondere das Recht der Vervielfältigung und Verbreitung sowie der Übersetzung vorbehalten. Kein Teil des Werkes darf in irgendeiner Form (durch Fotokopie, Mikrofilm oder ein anderes Verfahren) ohne schriftliche Genehmigung des Verlages reproduziert oder unter Verwendung elektronischer Systeme gespeichert, verarbeitet, vervielfältigt oder verbreitet werden. Danke.

1zu1

Für diejenigen, die durch diesen Taschen-Workshop zum ersten Mal von 1zu1 hören

1zu1 ist von uns (Elke und Björn Walker) 1998 ins Leben gerufen worden und dient uns als Plattform. Wir beschäftigen uns jeden Tag mit dem Lebensgesetz »Die Welt ist, was ich von ihr denke«. Die daraus fortwährend entstehenden Erkenntnisse setzen wir in Form von Texten, Büchern, in Gesprächen, in Workshops und in unserem eigenen Leben um.

Die Details über die Funktionsweise und die Herkunft dieses Lebensgesetzes sind im Buch: »Der 1zu1 'Reiseführer'. Das ultimative Abenteuer. Das Ende aller Probleme. Ein Weg ins Paradies.« (ISBN 3-9521678-1-9) beschrieben, das im 1zu1-Verlag erschienen ist. Auf der Website: http://www.1zu1.ch finden Sie weitere Informationen zu 1zu1.

Empfehlung und Anwendung

Der 1zu1 »Taschen-Workshop« zum Thema 'Beziehungen' ist eine direkte Art, selbst zu Hause Bewusstsein und Erkenntnis zu produzieren. Er kennt keine Zeiteinteilung. Nehmen Sie sich so viel 'Zeit' für eine Frage, wie Sie brauchen. Es dauert so lange, wie es dauert. Verweilen Sie bei jeder Frage so lange, bis Sie Ihre Antwort gefunden und in Ihren Worten aufgeschrieben haben. 'Brüten' Sie über jeder Frage, bis Sie **Ihre eigene Antwort** haben. Die Fragen haben eine bestimmte Reihenfolge und es ist sinnvoll, dieser zu folgen.

Für die Entwicklung von Bewusstsein ist es wesentlich, dass Sie sich zuerst mit Ihren eigenen Antworten beschäftigen, denn das kreiert Ihre Welt! Am meisten profitieren Sie, wenn Sie total ehrlich zu sich selber sind, denn das ist Ihre Saat, die Sie wiederum ernten ... Haben Sie Ihre Antwort unter 'Ihre Überlegungen' aufgeschrieben, so finden Sie auf der nächsten Seite die Gedanken von 1zu1.

Schreiben Sie keine Antworten auf, die 'so sein sollten' oder die Sie 'so gerne hätten' oder die 'extra positiv' formuliert sind. Schreiben Sie einfach 'frisch von der Leber' auf, was Ihnen in den Sinn kommt, auch wenn es auf dem Papier 'widersprüchlich' erscheint. Falls Ihre Überlegungen nicht im 'Sinn' mit denen von 1zu1 übereinstimmen, machen

Sie sich Gedanken dazu. So entsteht Bewusstsein und Erkenntnis. Die Überlegungen von 1zu1 beziehen sich immer auf das Lebensgesetz »Die Welt ist, was ich von ihr denke« (andere Ausdrucksformen für das gleiche Lebensgesetz: »Was der Bauer sät, das erntet er.« – »Wie man in den Wald ruft, so schallt es zurück.« – »Die Welt ist der Spiegel meiner Seele.« usw.) und dessen Umsetzung in die Praxis. Falls Fragen auftauchen sollten, finden Sie die Beschreibung dieses Lebensgesetzes in dem Buch 'Der 1zu1-Reiseführer'. Das Buch und Praxisbeispiele bilden auch die Grundlage zu diesem Taschen-Workshop. Die Art des Taschen-Workshops lässt zu, dass man ihn überall hin mitnehmen kann: in den Zug, in die Ferien, vor das Cheminée, in die Sauna, ins Bett und an weitere schöne Plätze, denn Bewusstsein und Erkenntnis kann man überall und in jedem Moment schaffen.

Es gibt keine falschen oder richtigen Antworten, sondern einfach die Wahl zu erkennen, ob meine Gedankensaat mir dient und ich für mich 'glücklich sein' kreiere oder ob ich mich entscheide, einfach eine andere Wahl zu treffen …

Ich wünsche Ihnen viel Spass und wunder-volle, erkenntnisreiche Momente dabei. Möge die Beziehung zu Ihnen mit dem Bewusstsein von liebender Fülle sein.

Herzlich, Elke Walker

Was sind meine 'grössten Probleme' in Bezug auf 'Beziehungen'?

(Seien Sie ehrlich)

Ihre Überlegungen zu Frage 1

Ihre Überlegungen zu Frage 1

1zu1-Gedanken zu Frage 1

Was auch immer Sie bei dieser Frage aufgeschrieben haben, vergessen Sie es bitte für den Moment. Sie brauchen diese Antwort erst später wieder. Gehen Sie einfach zur nächsten Frage. Vielen Dank.

1zu1

Welche Beziehungen gibt es?

(Ich und ...)

Ihre Überlegungen zu Frage 2

Ihre Überlegungen zu Frage 2

1zu1-Gedanken zu Frage 2

Ich und meine Gefühle

Ich und meine Emotionen

Ich und Menschen

Ich und Tiere

Ich und die Umwelt

Ich und die Materie

Ich und das Leben

Ich und ALLES

Es gibt noch viele weitere Beispiele. Mit der Frage 2 meine ich, dass die Beziehung zu *allem* gemeint ist.

Welche Beziehung ist am wichtigsten im Leben eines Menschen?

Ihre Überlegungen zu Frage 3

1zu1

Ihre Überlegungen zu Frage 3

1zu1-Gedanken zu Frage 3

Da »Die Welt ist, was ich von ihr denke« gilt, gibt es keine objektive Welt, sondern so viele Welten, wie es Menschen gibt. Trotzdem gilt und wirkt das Lebensgesetz »Die Welt ist, was ich von ihr denke« für alle gleich.

Da es keine objektive Welt gibt, gibt es 'nur' mich und meine Welt. Deshalb ist die Beziehung zu mir selber am wichtigsten. Denn ich bin die Ursache für alles in meinem Leben. Von mir geht alles aus. Ich kreiere mein Leben. Je nach Beziehung, die ich zu mir selber habe, er-lebe ich auch mein Leben.

Wer kann meine Probleme lösen und weshalb ist das so?

1 zu 1   Frage 4

Ihre Überlegungen zu Frage 4

1 zu 1

Ihre Überlegungen zu Frage 4

1zu1-Gedanken zu Frage 4

Da »Die Welt ist, was ich von ihr denke« gilt, gibt es keine objektiv richtige Welt, sondern die Welt jedes Einzelnen.

Und wenn ich meine eigene, individuelle, von mir selbst kreierte Welt habe, kann auch nur ich meine Probleme lösen, weil ich sie auch selber kreiert habe. Ich bin der Schlüssel zur Lösung. Nicht mein Partner, nicht meine Kinder, nicht mein Geschäft, nicht mein Psychiater, nicht ein Buch und so weiter und sofort, können meine Probleme lösen. Mein Wissen kann nur ich selber in die Praxis umsetzen, da jeder Mensch individuell selbst kreiert. Ich alleine kann meine Probleme lösen und nur ich.

Löse ich meine Probleme, lösen sich die der Umwelt von alleine …

Wo liegt die Lösung zu meinem Problem?

1 zu 1   Frage 5

Ihre Überlegungen zu Frage 5

1 zu 1

Ihre Überlegungen zu Frage 5

1 zu 1

1zu1-Gedanken zu Frage 5

Da »Die Welt ist, was ich von ihr denke« gilt, gibt es keine objektiv richtige Welt, sondern die Welt jedes Einzelnen. Also keine andere Welt ist identisch mit der meinen. Da ich das Problem selber kreiert habe, weiss auch nur ich die Lösung dazu. Da die Lösung nicht ausserhalb von mir sein kann, kann sie nur in mir innen sein.

Die Lösung, die funktioniert, kommt aus meinem Innern, aus dem Gefühl, dem Wissen, dass es so ist, wie es ist. Die Lösung von 'innen' kann man nicht manipulieren, die ist klar, einfach und deutlich. Alles, was von ausserhalb kommt, ist manipulierbar, weil es nicht mit dieser Sicherheit und Klarheit aus meinem Inneren entstanden ist.

Wo liegt die Lösung zu den Problemen meines Partners, meiner Kinder, meiner Nachbarin, meines Chefs usw. ?

1 zu 1 — Frage 6

Ihre Überlegungen zu Frage 6

1 zu 1

Ihre Überlegungen zu Frage 6

1 zu 1

1zu1-Gedanken zu Frage 6

Da »Die Welt ist, was ich von ihr denke« gilt, gibt es keine objektiv richtige Welt, sondern die Welt jedes Einzelnen. Deshalb liegt die Lösung der Probleme von anderen Menschen niemals bei mir. Ich bin nicht für die Probleme und Lösungen anderer Menschen verantwortlich. Dazu kommt, dass ich gar nicht in der Lage bin zu helfen. Da »Die Welt ist, was ich von ihr denke« gilt, kreiert jeder sein Leben selber. Ich kann für niemanden etwas hin- oder wegkreieren. Falls ich es tue oder versuche, ist das Problem nicht wirklich an der Wurzel erfasst und taucht woanders wieder auf.

Wenn ich meine Probleme löse, lösen sich auch die meiner Umgebung …

1zu1

Was bedeutet es, wenn ich Hilfe oder Rat bei anderen Menschen hole oder suche?

Ihre Überlegungen zu Frage 7

1 zu 1

Ihre Überlegungen zu Frage 7

1 zu 1

1zu1-Gedanken zu Frage 7

Es bedeutet, dass ich meine Lösung nicht kenne. Ich suche. Ich gebe durch die Idee: 'Ich kenne die Lösung nicht selbst' die Verantwortung ab. Ich säe, dass ich nicht weiss, folglich ernte ich auch 'ich weiss nicht'.

Ich meine mit dieser Frage nicht, wenn ich mir beispielsweise bereits die Hand gebrochen habe, dass ich die 'Hilfe' einer Ärztin nicht in Anspruch nehmen soll. Dass ich mir die Hand gebrochen habe, ist nur ein Symptom und nicht die Ursache des Problems. Genauso kann mir ein Gespräch eines Freundes 'helfen', klarer zu sehen. Ich spreche mit dieser Frage an, wie schnell wir Menschen dazu neigen, Hilfe von aussen zu beanspruchen oder zu suchen, ohne auf die Idee zu kommen, dass die mächtigste Hilfe in uns selbst ist.

Bei jedem Suchen und die 'Hilfe' von aussen erwarten, mache ich mich abhängig und machtlos. Dazu kommt, dass es nichts 'zu verarbeiten oder besser zu machen' gibt, wenn das, was jetzt ist, perfekt ist. Wir sind perfekte Wesen mit der Idee, bei uns stimme etwas nicht. Das kann man denken, wenn man will, ernten auch.

1zu1

Was bedeutet es, wenn ich mich in das Leben eines anderen Menschen einmische?

1 zu 1

Frage 8

Ihre Überlegungen zu Frage 8

1 zu 1

Ihre Überlegungen zu Frage 8

1 zu 1

1zu1-Gedanken zu Frage 8

Es bedeutet, dass mein begrenztes Denken (Ego) glaubt, ich wüsste es besser als der andere. Ich wüsste, wie die Lösung des anderen genau aussieht. Ich will den anderen verändern, sonst müsste ich mich ja nicht einmischen, wenn ich den anderen Menschen als perfekt sehen würde. Ich versuche den anderen Menschen zu manipulieren (auch wenn ich nichts sage und mir die 'Einmischung' 'nur' denke, ist es dasselbe und kreiert genau das Gleiche).

Wer Einmischung und Manipulation sät, erntet Einmischung und Manipulation.

Jeder Mensch weiss in seinem Innern selbst, was für ihn am besten ist. Ich kann niemals durch Einmischung ein Problem lösen. Ich säe dadurch immer Kampf und ernte diesen wieder.

Weshalb mischt sich jemand in mein Leben ein?

Ihre Überlegungen zu Frage 9

1 zu 1

Ihre Überlegungen zu Frage 9

1 zu 1

1zu1-Gedanken zu Frage 9

In mein Leben mischen sich deshalb andere Menschen ein, weil ich mich woanders einmische (Spiegelbild). Ich ernte, was ich säe.

Ich kann durch das, was ich ernte, erkennen, was ich säe.

Was Sie unter Einmischung verstehen, ist individuell. Es hat mit dem Bewusstsein eines Menschen zu tun. Was für den anderen eine Einmischung ist, ist für den einen keine.

Was kann ich tun, wenn sich jemand in mein Leben einmischt, ohne dass ich das will?

Ihre Überlegungen zu Frage 10

1 zu 1

Ihre Überlegungen zu Frage 10

1 zu 1

1zu1-Gedanken zu Frage 10

Da »Die Welt ist, was ich von ihr denke« gilt, gibt es keine objektiv richtige Welt, sondern die Welt jedes Einzelnen. Die einzige Sache ist, wie gehe ich mit der Situation, die gerade jetzt ist, um, da ich alles ernte, was ich säe.

Die andere Person hat das Recht zu tun, was sie will. In dem Moment, in dem sich die andere Person bei mir einmischt, ruft sie in ihren eigenen Wald. Ich ernte nicht, was dieser Mensch in seinen Wald ruft. Die Ernte kehrt immer zu der Person zurück, die es sät. Ich kann einfach aussssteigen und muss nicht mitmachen, was mir die Person beispielsweise an den Kopf wirft oder sagt. Jede Schuldzuweisung oder Vorwurf ist immer das Problem des anderen, niemals meines. Der andere Mensch sieht in mir immer nur sich selber. Jeder ist immer ein Spiegel. Kein Bewusstsein ist gleich wie das andere, ich sehe immer nur mich selbst.

Da ich weiss, dass ich alles, was ich säe, auch wieder ernte, ist es für mich klar, dass ich die Wahl habe, bei einer Einmischung mitzumischen oder es einfach sein zu lassen. Nur das Ego muss 'recht haben'. Das Herz, das Gefühl ist einfach: Es ist, wie es ist. Je mehr bedingungslose Liebe, Toleranz, Grosszügigkeit usw. ich säe, desto mehr ernte ich davon.

Wir Menschen haben immer die Wahl.

1zu1

»Liebe zu sich selber« –
was heisst das genau?

Ihre Überlegungen zu Frage 11

Ihre Überlegungen zu Frage 11

1 zu 1

1zu1-Gedanken zu Frage 11

Da »Die Welt ist, was ich von ihr denke« gilt, gibt es keine objektiv richtige Welt, sondern die Welt jedes Einzelnen. Jedesmal, wenn ich nicht annehme, was ist oder wie ich bin usw., erzeuge ich eine Saat, die ich wiederum ernte. Und wenn ich das weiss und mir dessen bewusst bin, gibt es doch nichts Logischeres als »mir selber lieb zu sein« mit dem, was ich sage, fühle, bin, eben säe, denn ich ernte ja alles wieder.

Ich habe die Wahl, die Welt zu kreieren, die mich glücklich macht.

Was macht Sie glücklich – Kampf, Frust, Ärger oder Liebe, Toleranz, Freude und Spass?

Wohlgemerkt sage ich hier nicht, dass man seine Meinung nicht sagen kann! Es geht nicht darum 'Liebe, Freude, Eierkuchen' 'darüberzustülpen'. Je mehr ich das Ganze verinnerlicht habe, desto mehr kann ich klar und deutlich meine Meinung sagen und ausdrücken. Ich kann Dinge mit dem 'Gefühl der Liebe' (auch wenn 'Liebe' auszudrücken anders klingt, als es sich das begrenzte Denken von uns Menschen vorstellt…) meinem Gegenüber (im Bewusstsein, dass ich es immer mir selbst sage – Spiegel) sagen oder mit Hass und Verachtung.

Ich habe immer die Wahl.

Was bedeutet es, jemandem oder einer Sache gegenüber einen Vorwurf zu machen?

Ihre Überlegungen zu Frage 12

1 zu 1

Ihre Überlegungen zu Frage 12

1 zu 1

1zu1-Gedanken zu Frage 12

Einen Vorwurf kann man nur machen, wenn man nicht weiss, dass »Die Welt ist, was ich von ihr denke« gilt. Ich bin für alles in meinem Leben selbst verantwortlich, weil ich es auch selbst kreiert habe. Also, die Saat, die zu mir zurückkehrt, ist nie etwas Bedrohliches ausserhalb von meiner Welt oder vom Teufel (den gibt es nur, wenn ich daran glaube…), sondern immer eine Ernte, die zu mir zurückkehrt.

Einen Vorwurf machen bedeutet, dass ich nicht verantwortlich bin für das, was jetzt ist. Aus meiner Sicht ist der andere Mensch, dem ich den Vorwurf mache, verantwortlich. Nur das, was ich vorwerfe, ist eine Ernte, die ich erfahre. Dazu kommt, dass ich mich durch einen Vorwurf freiwillig zum Opfer mache, denn nur der andere Mensch kann es ja aus meiner Sicht wieder in 'Ordnung' bringen. Was tun, wenn sich der andere weigert? Sehen sie das Ping – Pong? Wer Vorwürfe sät, erntet Vorwürfe.

Wir Menschen haben die Wahl. Egal, welche wir treffen, jede Wahl ist perfekt. Die Konsequenzen sind einfach andere.

1zu1

Was kann ich tun, wenn mein Partner 'fremdgeht'?

1 zu 1   Frage 13

Ihre Überlegungen zu Frage 13

Ihre Überlegungen zu Frage 13

1zu1-Gedanken zu Frage 13

Da »Die Welt ist, was ich von ihr denke« gilt, gibt es keine objektiv richtige Welt, sondern die Welt jedes Einzelnen. Dass mein Partner 'fremdgeht', ist kein Zufall. Da ich mein Leben kreiere, habe ich mir das bewusst oder unbewusst kreiert und bin verantwortlich dafür. Es ist eine Saat, die zu mir als Ernte zurückkehrt. Ein möglicher Impuls ist: »Wo gehe ich mir fremd?« – »Wo betrüge ich mich?« – »Wo misstraue ich mir?« – »Wo oder womit belüge ich mich?«

Da ich es kreiert habe, kann ich auch etwas anderes kreieren. Da die Situation so ist, wie sie ist, ist es zwecklos, in den Kampf oder in die Opferrolle zu gehen, um sie verändern zu wollen. Da ich immer säe, kehrt auch die Ernte immer in mein Leben zurück. Was der andere Mensch sät, indem er 'fremdgeht', ist seine Wahl zu ernten.

Das, was ist, annehmen. Alle meine Gefühle und meine Emotionen 'lieb haben'. Je mehr ich mich so annehme und liebe, wie ich bin, denke, fühle, desto mehr kehrt Liebe, Anerkennung, Grosszügigkeit und 'Haben' in mein Leben zurück.

Was denke ich über meinen Körper?

Frage 14
1 zu 1

Frage 14

Ihre Überlegungen zu Frage 14

1 zu 1

Ihre Überlegungen zu Frage 14

1 zu 1

1zu1-Gedanken zu Frage 14

Was auch immer Sie aufgeschrieben haben, die unterste Ebene Ihres Denkens und Fühlens (Bewusstsein) kreiert die Welt, die Sie jetzt gerade erleben.

Wenn Ihr Körper in Ihrem Bewusstsein (siehe eventuell Ihre Antwort auf Frage 14) eher etwas 'nicht Schönes', 'Altes' oder 'nicht Gesundes' ist, wird es kaum eine Saat zugunsten von Ihnen und Ihrem Körper sein.

Ich gehe davon aus, dass alles Energie ist, auch mein Körper. Energie ist Energie. Energie ist weder 'nicht Schönes', 'Altes' oder 'nicht Gesundes', sondern einfach Energie.

1zu1

Was mache ich, wenn mein Partner mehr oder weniger Sex in der Beziehung möchte als ich?

Ihre Überlegungen zu Frage 15

Ihre Überlegungen zu Frage 15

1 zu 1

1zu1-Gedanken zu Frage 15

Da »Die Welt ist, was ich von ihr denke« gilt, gibt es keine objektiv richtige Welt, sondern die Welt jedes Einzelnen. Dass mein Partner mehr oder weniger Sex möchte als ich, ist kein Zufall. Da ich mein Leben kreiere, habe ich mir das bewusst oder unbewusst kreiert und bin verantwortlich dafür. Es ist ja eine Saat, die zu mir als Ernte zurückkehrt. Ich kann es auch als Chance nutzen und erkennen, wie ich es bisher kreiert habe. Indem ich mich auf das konzentriere, was jetzt ist, erkenne ich.

Impulse:

Ich ernte (von meinem Partner – Leben) Überfluss an möglichem Sex oder Überfluss an wenig Sex. Mein Kreieren ist perfekt, auch wenn mein Kopf es jetzt nicht versteht.

Mögliche Saat: Ich lehne ab; meinen Partner, Sex oder meinen Körper. Das, was man ablehnt, erntet man.

Zuviel oder zuwenig von etwas ist immer ein Symptom. Das Problem ist in meinem begrenzten Denken. Das, was jetzt ist, annehmen – da liegt der Schlüssel zur Lösung.

1zu1

Was denke ich über meinen Partner oder meine Partnerin?

1 zu 1   Frage 16

Ihre Überlegungen zu Frage 16

1 zu 1

Ihre Überlegungen zu Frage 16

1zu1-Gedanken zu Frage 16

Was auch immer Sie aufgeschrieben haben, die unterste Ebene Ihres Denkens und Fühlens (Bewusstsein) kreiert die Welt, die Sie jetzt gerade erleben.

Wenn Ihr Partner oder Ihre Partnerin in Ihrem Bewusstsein (siehe eventuell Ihre Antwort auf Frage 16) eher 'schuld' an der Situation ist, 'sich ändern' sollte oder ... ist, wird es in Ihrem Leben kaum eine glückliche Beziehung geben.

Ihr Partner oder Ihre Partnerin ist perfekt, sonst wäre Sie ja nicht Ihre Partnerin, oder? Sie haben sich ja diesen Menschen kreiert. Wenn Sie wollen, dass sich Ihr Partner ändert, 'müssen' Sie sich ändern. Übernehmen Sie die Verantwortung für Ihre Beziehung, erleben Sie Ihre Wunder. Im Grunde ist jedes Beziehungsproblem ein Problem, das ich in der Beziehung zu mir selber habe. Sich 'selber lieb' sein, das ist der Schlüssel.

Weshalb gibt es Opfer und Täter –
Und was nützt es mir?

1 zu 1   Frage 17

Ihre Überlegungen zu Frage 17

1 zu 1

Ihre Überlegungen zu Frage 17

1 zu 1

1zu1-Gedanken zu Frage 17

Es gibt 'Opfer' und 'Täter', weil wir dieses Spiel immer wieder kreieren und noch nicht gemerkt haben, dass es eine Illusion ist und wir uns dabei immer selber schaden.

'Opfer sein' birgt immer die Idee: Einem Opfer muss man helfen – dieser Mensch kann nichts dafür – der andere ist verantwortlich. Da jeder seine Welt selbst kreiert, kann jeder kreieren, und das heisst, er ist mächtig und kann sich selber helfen. Stellen Sie sich das vor: Jeder kreiert sein Leben selber.

Da »Die Welt ist, was ich von ihr denke« gilt, gibt es keine objektiv richtige Welt, also kann es auch keinen Zufall geben. Niemand wird zufällig vergewaltigt, 'sexuell missbraucht' oder ausgeraubt. Wenn ich mich als Opfer fühle, kann ich das. Ich kann aber genauso gut eine andere Wahl treffen. Was ich denke, fühle, bin, ist alleine meine Entscheidung. Durch die Konzentration auf das, was jetzt ist (nicht was nicht ist, so sein sollte oder eventuell mal kommt), ist es unmöglich, von irgend etwas 'Opfer' zu sein. Das Gegenteil ist der Fall. Wem es gelingt, die ganze Verantwortung für sein Leben jetzt zu übernehmen, hat alle Macht dieser Welt in seinem Leben. Ich meine nicht die Macht über andere Dinge oder Menschen, das ist gar nicht möglich, wenn »Die Welt ist, was ich von ihr denke« gilt – es sei denn, ich bin freiwillig das 'Opfer' und brauche natürlich auch, um das ganze Spiel zu spielen, einen 'Täter' …

Was kann ich tun, wenn ich meine Mitarbeiter oder meinen Partner motivieren will?

1 zu 1 Frage 18

Ihre Überlegungen zu Frage 18

1 zu 1

Ihre Überlegungen zu Frage 18

1 zu 1

1zu1-Gedanken zu Frage 18

Allein schon der Gedanke, meine Mitarbeiter oder meinen Partner motivieren zu wollen, entspringt der Idee der Manipuliation.

Da »Die Welt ist, was ich von ihr denke« gilt, kann 'nur' ich selbst mich 'verändern'. Ich kann meine Mitarbeiter oder meinen Partner nicht verändern (motivieren), es sei denn, dass ich mich verändere …

Dazu kommt, wenn meine Mitarbeiter oder mein Partner nicht motiviert sind/ist, sind sie halt nicht motiviert. Es ist perfekt, so wie es ist, sonst wäre es nicht so. Meine Mitarbeiter oder mein Partner sind/ist ein Spiegel zu mir, ich kann erkennen, was ich selbst bin und tue.

Wer manipuliert, erntet Manipulation. Jemand, der sich selber ist, kreiert 'haben' und muss nicht manipulieren, um zu 'haben'. Anders ausgedrückt, kreiert manipulieren 'nicht haben'.

1zu1

Was erzeugt Ablehnung einer Sache, einer Situation oder einer Person gegenüber?

1 zu 1   Frage 19

Ihre Überlegungen zu Frage 19

1 zu 1

Ihre Überlegungen zu Frage 19

1 zu 1

1zu1-Gedanken zu Frage 19

In zwei Worten: noch mehr (von dem, was ich ablehne).

Ein Beispiel:

Ich fahre Auto und rege micht über den andern 'langsamen' Autofahrer auf (Saat). Ich lehne den 'langsamen' Autofahrer ab. Kaum habe ich einen überholt oder ist einer abgebogen, kommt plötzlich wieder ein 'langsamer' Autofahrer … (Ernte) – also mehr von dem, was ich ablehne … nämlich weitere Autofahrer, die zu langsam sind …

Erkennen und sehen Sie den Kreislauf? Oder anders gefragt: Fallen Ihnen eigene Beispiele ein?

Was lehnen Sie ab?

1zu1

Wie ist die Aussage »Was nicht in meinem Bewusstsein ist, kann nicht sein« gemeint?

1 zu 1

Frage 20

Ihre Überlegungen zu Frage 20

1 zu 1

Ihre Überlegungen zu Frage 20

1 zu 1

1zu1-Gedanken zu Frage 20

Was nicht in meinem Bewusstsein möglich ist, kann auch nie in meinem Leben eintreffen. Wenn gewisse Dinge in meinem Denken, Bewusstsein nicht möglich sind, sind sie das halt nicht. Ich habe immer die Wahl, mein Leben bewusst oder unbewusst zu kreieren. Kreieren tue ich sowieso immer.

Ist es für Sie möglich, dass Sie eine (oder was auch immer) glückliche Beziehung in Ihrem Leben kreieren? Ist es für Sie möglich, dass eine erfüllte Beziehung (z.B. der 'richtige Partner') eins, zwei … in Ihrem Leben ist? Wenn ja, dann konzentrieren Sie sich auf das, was jetzt gerade ist, beziehen Sie in Ihr Gefühl alles, was jetzt ist, mit ein, denn da ist die Fülle. Es ist ein Gefühl und nur jetzt spürbar. Jetzt säen Sie, immer jetzt.

Was kann ich tun, wenn mich jemand kritisiert?

1 zu 1 · Frage 21

Ihre Überlegungen zu Frage 21

1 zu 1

Ihre Überlegungen zu Frage 21

1 zu 1

1zu1-Gedanken zu Frage 21

Da »Die Welt ist, was ich von ihr denke« gilt, hat der andere das Recht mich zu kritisieren. Er ruft immer in seinen Wald, nie in meinen.

Wenn ich in dem, was ein anderer Mensch mir sagt, Kritik sehe, ist Kritik in meinem Bewusstsein. Der andere Mensch ist lediglich mein Spiegel. Es ist eine Sache meines Bewusstseins.

Was ein anderer Mensch mir gegenüber äussert, ist nie ein Zufall. Es dient mir, zu erkennen, was in meinem Bewusstsein ist. Es ist immer perfekt, so wie es ist. Ich habe die Wahl zu sehen, fühlen, denken und sein, was ich möchte, und der andere auch.

Was kann ich tun, wenn ich immer mit der gleichen Person ein Problem habe?

1 zu 1 — Frage 22

Ihre Überlegungen zu Frage 22

1 zu 1

Ihre Überlegungen zu Frage 22

1 zu 1

1zu1-Gedanken zu Frage 22

Da »Die Welt ist, was ich von ihr denke« gilt, hat die andere Person das Recht, sich so zu verhalten, wie sie sich eben verhält. Es ist das Leben dieser Person und ihre Wahl.

Wenn ich immer mit der gleichen Person ein Problem habe, zeugt das davon, dass ich diesen Menschen nicht so annehmen kann, wie er ist. Indem sich dieser Mensch nicht so verhält, wie ich mir das vorstelle und das nicht annehmen kann, versuche ich ihn zu manipulieren, zu verändern.

Was ein anderer Mensch mir gegenüber äussert oder wenn er sich nicht nach meinen Vorstellungen verhält – ist nie ein Zufall. Es dient mir zu erkennen, was in meinem Bewusstsein ist, was beispielsweise ich selber an mir nicht annehmen kann. Es ist immer perfekt, so wie es ist. Ich habe die Wahl, mich in der anderen Person (Spiegel) zu erkennen oder eben nicht. Es ist eine Sache meines Bewusstseins.

Konzentrieren Sie sich auf das, was jetzt ist, denn da liegt die ganze Fülle, Reichtum, Freude, Anerkennung, Spass usw. Sie haben die Wahl, sich mit dem, was jetzt ist, zu verbinden und anzuerkennen, was ist, und dadurch auch etwas anderes zu ernten oder eben nicht. Beides ist in Ordnung, beides ist eine Wahl.

In was gebe ich mit meinem Denken und Fühlen am meisten Energie?

Ihre Überlegungen zu Frage 23

1 zu 1

Ihre Überlegungen zu Frage 23

1 zu 1

1zu1-Gedanken zu Frage 23

Das, was Sie jetzt aufgeschrieben haben, das wächst.

Lenken und geben Sie mit Ihrem Denken und Fühlen Ihre Energie in Angst, Ärger, Kampf, Recht haben, nicht haben usw.? Oder in Freude, Fülle, Anerkennung dem gegenüber, was jetzt ist (meiner Situation, meinen Gefühlen, meinen Emotionen, der Materie um mich herum usw.), einfach mir 'selber lieb sein'?

Was auch immer Sie wählen, das, worin Sie Energie geben, das wächst.

Falls Sie jetzt merken, dass Sie Ihre Energie in Dinge gegeben haben, die Ihnen nicht so dienlich sind, ist es bis genau zu diesem Zeitpunkt vollkommen in Ordnung gewesen, sonst wäre es nicht so. Wenn Sie Ihre Energie nicht auf andere Dinge lenken können, weil…, dann ist es Ihre Wahl, weiterhin daran festzuhalten. Man 'muss' nie etwas, es ist einfach immer eine Wahl, die man trifft, unbewusst oder bewusst.

Falls Sie sich anders entscheiden: **Konzentrieren Sie sich auf das, was jetzt ist,** denn da liegt die ganze Fülle, Reichtum, Freude, Anerkennung, Spass usw. Sie haben die Wahl, sich mit dem, was jetzt ist, zu verbinden und anzuerkennen, was ist, und dadurch auch etwas anderes zu ernten oder … Beides ist in Ordnung, beides ist eine Wahl.

1zu1

Nach welchem 'Prinzip' funktionieren Sie: »Tun-Haben-Sein« oder »Sein-Tun-Haben«?

(Bitte begründen Sie)

1 zu 1   Frage 24

Ihre Überlegungen zu Frage 24

1zu1-Gedanken zu Frage 24

Nehmen wir mal an, ich habe zu wenig Geld. Mit der Folge von »Tun-Haben-Sein« würde ich mich zuerst fragen: »Was muss ich denn tun, damit ich zu mehr Geld komme?« Da ich mir eine Frage stelle, muss ich auch eine konkrete Antwort (Lösung) finden, die mir jetzt sofort hilft, beispielsweise: »Ich muss mehr und härter arbeiten.« – »Ich muss meinen Chef um eine Gehaltscrhöhung bitten.« – »Ich muss meine Preise erhöhen.« – »Ich muss mehr Umsatz machen.« usw.

Die Vorstellung und die Hoffnung, dass sich aus meinem »Tun« das »Haben« erfüllt, nämlich 'mehr Geld', ist in Gedanken und in Bildern schnell vorgestellt. Natürlich muss ich das Geld zuerst haben, damit ich nachher zum »Sein« gelange. Habe ich erst einmal das Geld, so kann ich endlich reich, unabhängig, angesehen, erfolgreich usw. sein.

Nachdem ich mir das vorgestellt und überlegt habe (tun), geht es nun zum weiteren »Tun« über. Nachdem ich viel und alles getan habe, ist die Hoffnung, zu mehr Geld zu kommen, in der Praxis kläglich gescheitert. Denn was mache ich jetzt, wenn das härtere und viele Arbeiten nichts genützt hat (die Saat dessen ist: 'Ich bin nicht gut genug')? – Wenn der Chef mir keine Gehaltserhöhung geben will (die Saat dessen ist: 'Ich bin nicht verantwortlich')? – Wenn ich meine Preise aus Angst nicht erhöhen kann, weil meine

Kunden sonst zur Konkurrenz gehen würden (die Saat dessen ist: Ich habe Angst und kein Vertrauen)? – Wenn meine ganzen Bemühungen, mehr Umsatz zu machen, einfach scheiterten und der grosse Aufwand viel zu teuer ist (die Saat dessen ist: 'Nicht haben', sonst müsste ich nicht sparen)? Ja, was nun? Die Folge von »Tun-Haben-Sein« kreiert 'nicht haben', sonst müsste ich nicht »Tun« und an mir und dem, was jetzt ist (zu wenig Geld), zweifeln.

Nehmen wir mal an, ich habe zu wenig Geld. Mit der Folge von »Sein-Tun-Haben« ist das Handeln ganz ein anderes.

Zuerst ist das »Sein«: Ich bin. Wenn ich jetzt feststelle, dass ich zu wenig Geld habe, heisst noch lange nicht, dass ich einen Fehler gemacht habe oder nicht fähig bin. Im Gegenteil. Ich bin perfekt und anerkenne die Situation, dass ich mir 'zu wenig' Geld kreiert habe. Ich bin verantwortlich für meine Situation. So, wie sie jetzt ist, ist es völlig in Ordnung und perfekt, sonst wäre es nicht so. Es ist kein Zufall, dass das genau mir passiert ist. Kein anderer Mensch oder andere Ursache ausserhalb von mir und meinem Leben ist »schuld«, dass ich in dieser Situation bin. Dass es ist, wie es ist, hat nichts mit »ich bin schuld« zu tun. Schuld geht von 'richtig und falsch' aus, und das kennt das

1 zu 1

Lebensgesetz: »Die Welt ist, was ich von ihr denke«, nicht. Ich habe mir das unbewusst kreiert, damit ich weiter 'aufwachen' und mir bewusst werden kann. Da es keine Schuld gibt und ich einfach 'nur' verantwortlich für meine Saat bin, ist es mir ein Bedürfnis, mir selber lieb zu sein – mich anzuerkennen, so wie ich bin – zu wissen, dass ich perfekt bin – zu wissen, dass die Lösung schon in mir ist – Vertrauen in mich und das Leben zu haben, dass das, was jetzt ist, perfekt ist – mit dem, was jetzt ist, dankbar 'mitzugehen', denn das ist das Leben, das viel mehr weiss, als meine begrenzten Gedanken. Dass meine Saat eine Ernte erzeugt, leuchtet mir ein, und dass ich für die Ernte die Verantwortung trage, auch, denn ich habe sie ja verursacht. Natürlich bin ich daran interessiert, bewusst zu »Sein«, damit ich die Saat erkenne.

Durch dieses »Sein« entsteht automatisch ein »Tun«, im vollen Vertrauen, dass das, wonach ich handle, das 'Richtige' für mich und meine Situation ist. Durch dieses »Sein« entstehen Dinge, die man »Haben« nennt und die jetzt nicht absehbar sind. Ich weiss einfach, dass die perfekte Lösung und Antwort für mich da ist.

Plötzlich bekomme ich unvorhergesehen ein Stellenangebot mit einer Tätigkeit, die mehr Lohn gibt und die schon immer mein Traum war – plötzlich kommt ein Grossauftrag 'herein', der vorher nicht absehbar war – plötzlich habe ich eine Idee, die sich als Gold wert herausstellt – usw. Und so komme ich, indem ich Vertrauen in mich habe und volle Verantwortung für mich übernehme (Saat), leicht und einfach zu Dingen, die sich mein begrenztes Denken vorher nicht vorstellen konnte. Ohne Erwartungen, einfach in dem Bewusstsein, dass das, was jetzt ist, perfekt ist. Schritt für Schritt gehe ich von Moment zu Moment. Das zu denken, spüren und leben kann man nur, wenn man sich selber lieb ist – in sich selbst und in das Leben (das, was ist) Vertrauen hat. Dann passieren Wunder, von denen unser begrenztes Denken vorher keine Ahnung hatte.Sie entscheiden, nach welchem 'Prinzip' Sie leben möchten und für welche Art von Konsequenzen Sie verantwortlich sind. Wir Menschen haben immer die Wahl.

Was muss ich tun,
um geliebt zu werden?

Ihre Überlegungen zu Frage 25

Ihre Überlegungen zu Frage 25

1 zu 1

1zu1-Gedanken zu Frage 25

Da »Die Welt ist, was ich von ihr denke« gilt, gibt es nur Sein – Leben. Das Sein ist bedingungslose Liebe. Es gibt nichts anderes als Liebe. Wir können das mit unserem begrenzten Denken und Kopf nicht verstehen. Nur das Gefühl, das Sein kann das verstehen, wissen und spüren.

Da es nur Liebe gibt, muss ich nichts tun, um geliebt zu werden. Ich bin geliebt, jetzt.

(Wenn ich mich abhängig von der Liebe einer bestimmten Person mache, ist das eine begrenzte Sichtweise. Ich kann das tun, ich habe die Wahl und ernte auch die Konsequenzen selbst).

Was kreieren Erwartungen?

1 zu 1   Frage **26**

Ihre Überlegungen zu Frage 26

1 zu 1

Ihre Überlegungen zu Frage 26

1zu1-Gedanken zu Frage 26

Wenn ich etwas erwarte, gehe ich von einer bestimmten Vorstellung oder Gedachtem aus. Wenn dann dieses Gedachte oder diese Vorstellung nicht eintrifft, also meine Erwartung sich nicht erfüllt, bin ich ent-täuscht. Eine Erwartung birgt immer die Hoffnung in sich: »Hoffentlich wird das so und so …«, »Hoffentlich geschieht das und das …«.

Was kreiert das für eine Welt? Nicht haben und nicht wissen, sonst müsste ich nicht hoffen. Wenn man »weiss« und »hat«, muss man nicht hoffen (erwarten), weil man weiss und hat. Dazu kommt, dass ich kein Vertrauen in das habe, was jetzt ist, und dass es perfekt ist, sonst müsste ich nicht zweifeln und mit dem Kopf etwas erwarten.

Erwarten tun wir mit unseren Gedanken, die in die Vergangenheit oder in die Zukunft wandern. Durch die Erwartung machen wir uns abhängig. Eine Erwartung hat man immer dann, wenn man etwas nicht für sich selbst macht, sondern für einen bestimmten Grund, Sache oder Menschen. Wenn man etwas für sich selbst macht, aus dem Sein heraus, erwartet man nichts, denn aus dem Sein heraus weiss und hat man.

Konzentrieren Sie sich auf das, was jetzt ist, und nicht auf das, was sein sollte oder noch kommen könnte. Jetzt ist alles da, genau in diesem Moment, und meine Möglichkeiten auch.

1zu1

Wenn alles, was ich denke, fühle, sage und bin, meine Saat ist, was ernte ich folglich in Bezug auf meine 'grössten Probleme'?

(Siehe Frage 1)

Ihre Überlegungen zu Frage 27

1 zu 1

Ihre Überlegungen zu Frage 27

1zu1-Gedanken zu Frage 27

Was auch immer Sie aufgeschrieben haben, die unterste Ebene Ihres Denkens und Fühlens kreiert Ihre Welt. Spüren und erkennen Sie beim Durchlesen Ihrer Antwort, was und wie Sie kreieren?

Wenn ich feststelle, was ich mir antue, kreiere mit diesem bestimmten Denken (Ihre Antwort auf die Frage 1), dann reicht die Erkenntnis, das daraus entstehende Gefühl vollkommen aus, dass ich bis jetzt so gedacht und gehandelt habe. Man muss jetzt nicht sein Denken zusätzlich verändern. Indem ich erkenne, was 'es mir denkt', erkenne ich im nächsten Moment immer, wenn 'es mir das schon wieder denkt' ... Ich kann weiter so denken, wenn ich will, bis ich mich eben entscheide, nicht mehr so zu denken (das kommt dann, wenn ich es nicht mehr negativ beurteile). Das passiert automatisch. Irgendwann ist mein ursprüngliches Denken nicht mehr in meinem Bewusstsein, automatisch, und somit ist das Beziehungsproblem gelöst, jetzt. Nicht erst dann, wenn ich eine erfüllte Beziehung habe, sondern ich habe eine erfüllte Beziehung, weil mein Beziehungsproblem gelöst ist, jetzt. **Konzentrieren Sie sich auf das, was jetzt gerade ist**, denn da ist die Fülle und Einheit. Es ist ein Gefühl und nur jetzt spürbar. Jetzt säen Sie, immer jetzt, in diesem Augenblick.

Was für eine Welt kreieren
Ihre Gedanken zur Frage 27?

Ihre Überlegungen zu Frage 28

1 zu 1

Ihre Überlegungen zu Frage 28

1 zu 1

1zu1-Gedanken zu Frage 28

So schnell kann es gehen und man merkt schon wieder nicht, was man in den Wald ruft…
Die Frage 28 dient einfach dazu, zu spüren, dass man immer bewusst oder unbewusst kreiert.

Sind Sie 'zufrieden' mit Ihrer Saat von Frage 27?

Wenn nicht, ist auch das wieder eine Saat …, die als Ernte zu Ihnen gelangt. Man steht, wo man steht. Sich selber lieb sein und sich nicht unter Druck setzen, einfach Schritt für Schritt gehen. Je grosszügiger, liebenswürdiger und toleranter wir mit uns selber sind, desto mehr ernten wir Grosszügigkeit, Liebe und Toleranz.

Wie funktioniert Kreieren?

Ihre Überlegungen zu Frage 29

1 zu 1

Ihre Überlegungen zu Frage 29

1 zu 1

1zu1-Gedanken zu Frage 29

Im Grunde, ohne dass ich etwas Bestimmtes mache. Kreieren tun wir immer, bewusst oder unbewusst. Indem ich jetzt gerade denke, fühle und bin, säe (kreiere) ich automatisch den nächsten Moment.

Wenn ich mit meinen Gedanken in die Vergangenheit wandere, hole ich die Vergangenheit in diesen Moment, und so kreiere ich das Vergangene wieder!

Wenn ich mit meinem Denken in die Zukunft gehe, hole ich nämlich etwas, was eine Spekulation ist (woher weiss ich, was im nächsten Augenblick sein wird?), in diesen Moment. Also ein »Nicht haben«, sonst würde ich ja nicht in der Zukunft etwas ausdenken oder wünschen wollen, wenn ich es hätte.

Was ich jetzt im Aussen wahrnehme und sehe, ist mein Bewusstsein, das, was ich unsichtbar denke und fühle. Kreieren kann man ausschliesslich in diesem Moment. Jetzt. Das Jetzt ist ewig. Deshalb ist es von Vorteil, hier in diesem Moment, in diesem Augenblick zu sein, denn nur da kriege ich mit, was abgeht. Nur hier kann ich wissen und spüren, was zu tun ist für den nächsten Schritt. Wer bewusst den Augenblick leben kann, weiss, wie er sein Leben kreiert.

Weshalb wiederholen sich gewisse 'Probleme' in meinem Leben?

Ihre Überlegungen zu Frage 30

1 zu 1

Ihre Überlegungen zu Frage 30

1 zu 1

1zu1-Gedanken zu Frage 30

Weil mein Denken und Fühlen auf unterster Ebene genau gleich geblieben ist. Es hat keine Erkenntnis stattgefunden. Keine Bewusstseinserweiterung – beziehungsweise Veränderung. Deshalb wiederholt sich ein Problem.

Wenn sich ein Problem wiederholt, ist das perfekt. Daran kann ich erkennen, dass sich in meinem Bewusstsein kaum oder nichts getan hat. Toll. Wenn sich das Problem auflöst, erkenne ich darin, dass sich etwas in meinem Bewusstsein getan hat. Also, beides ist in Ordnung und perfekt.

Was wiederholt sich bei Ihnen?

1zu1

Wie lange geht es, bis sich
»Die Welt ist, was ich von ihr denke«
umsetzt?

Ihre Überlegungen zu Frage 31

1 zu 1

Ihre Überlegungen zu Frage 31

1zu1-Gedanken zu Frage 31

Wenn es nur den Moment gibt, dann gibt es weder Vergangenheit noch Zukunft. Wir denken, es gäbe sie, weil wir sie erschaffen haben. Deshalb nehmen wir Vergangenheit und Zukunft als solche wahr. In Wahrheit ist es eine Illusion. Die Idee der Zeit lenkt uns von dem ab, was ist – Leben und Fülle.

Wenn das Leben keine Zeit kennt, setzt sich alles, was ich denke, fühle, sage und was in meinem Bewusstsein ist, immer sofort um. Es ist immer bereits da. Wir sind nicht immer wach, um bewusst wahrzunehmen, dass im eigenen Leben das Gedachte, Gefühlte schon lange bereit ist, da ist.

Konzentration auf das, was jetzt ist, in diesem Moment. Wenn Sie Ihre Energie und Ihre Gedanken auf das, was sein könnte (Ernte-Ergebnis), lenken, kreieren Sie 'nicht Haben'.

Wenn ich bin, handle ich automatisch aus dem Sein heraus, und das ist die sensationellste Saat, die ich machen kann. Der 'schnellste' Weg, bewusst sich selbst zu sein, ist: – zu denken, wie ich denke – zu handeln, wie ich handle – und zu fühlen, wie ich fühle.

Welches ist, meinem Gefühl nach, jetzt der effektivste Schritt, um mein Beziehungsproblem zu lösen?

Ihre Überlegungen zu Frage 32

1 zu 1

Ihre Überlegungen zu Frage 32

1 zu 1

1zu1-Gedanken zu Frage 32

Die Erkenntnis, dass die Konzentration auf das, was jetzt ist (meine Situation, die Materie um mich herum, meine Gefühle, meine Emotionen usw.), im Moment sein, hier sein, jetzt leben, **alle Schritte ersetzt**, ist einfach. Ich muss mir keine Gedanken über das Ergebnis machen, das erledigt sich von alleine.

Alles ist schon da. Es ist schon kreiert. Es ist schon getan.

Wenn es nicht so läuft, wie ich es gerne hätte: Mir selber lieb sein, denn alles kehrt aus meinem Wald zurück. Seien Sie so oft wie möglich mit sich liebevoll, tolerant und grosszügig.

Das Fazit

Wenn Sie ein Problem haben, ist das kein Zufall, kein Schicksal.

Sie haben sich das Problem selber erschaffen, weil Sie sich an irgendeinem Punkt, auf irgendeiner Ebene dazu entschieden haben, es zu erschaffen.

Wann dieser Punkt war und weshalb Sie sich zu diesem Zeitpunkt so und nicht anders entschieden haben, spielt für die Lösung des Problems keine Rolle.

Tatsache ist, dass Sie *jetzt* ein Problem haben.

Tatsache ist, dass Sie mit dem Problem auch die Lösung erschaffen haben und diese auch *jetzt* bereits da ist.

Um die Lösung wahrnehmen zu können, genügt es, wenn Sie sich bewusst auf den Moment genau jetzt konzentrieren und das Gefühl für Sie arbeiten lassen, indem Sie es erkennen und spüren, statt durch eine weitere Nichtbeachtung ein neues Problem zu erschaffen, das Sie dann 'später' wieder lösen müssen, indem Sie Ihr Tun aus dem Gefühl heraus tun und nicht aus dem Kopf.

Der grundlegende Ursprung jedes Problems ist die Nichtbeachtung des Gefühls, das dem Wesentlichen entspringt (Unbewusstheit). Das 'Nicht-Spüren' des Gefühls und den daraus folgenden Taten.

Die Lösung liegt im Gefühl zum Wesentlichen. Jedes Problem ist nur dazu da, Sie auf das zum Wesentlichen gehörende Gefühl aufmerksam zu machen. Ihnen zu zeigen, dass Sie frei sind. Ihnen zu zeigen, dass Sie die Wahl haben, *alles* zu erschaffen.

Ob Sie Erfolg haben oder nicht, ist kein Zufall, kein Schicksal.

Erfolg wollen oder Erfolg suchen verhindern den (wirklichen) Erfolg.

Sie müssen nicht zum Erfolg hin, der Erfolg kommt zu Ihnen.

Der Erfolg kommt zu Ihnen, wenn Sie sind, was Sie sind. Wenn Sie tun, was Sie tun. Das geht automatisch, wenn Sie das Gefühl spüren und aus ihm heraus tun.

Sie haben bereits gewonnen. Sie haben bereits alles. Sie haben es höchstens vergessen. Um sich zu erinnern, müssen Sie nichts Bestimmtes *tun*, sondern etwas *nicht* tun.

Sie haben die Wahl, sich für die Probleme zu entscheiden, für die Sie sich entscheiden. Sie kommen automatisch. Wenn Sie sich für ein Bestimmtes entscheiden, kommt es, wenn nicht, nicht.

Sie stehen, wo Sie stehen.

Sie haben die Wahl, sich für den Erfolg zu entscheiden, für den Sie sich entscheiden. Er kommt automatisch. Wenn Sie sich für einen Bestimmten entscheiden, kommt er, wenn nicht, nicht.

Sie stehen, wo Sie stehen.

Es ist ein Gefühl.

Gefühl.

Anmerkungen

Dieser Taschen-Workshop zum Thema »Beziehungen« ist in erster Linie für mich entstanden. Ich habe durch diese Form von Bewusstseinserweiterung sehr viel gelernt. Was hier als Inhalt zusammengefasst ist, entspringt aus meinen eigenen Erfahrungen, Erlebnissen und den daraus entstandenen Erkenntnissen.

Ich bin dem Leben für die Umstände, in die es mich geführt hat, sehr dankbar, denn nur so habe ich erkennen können, wie und was ich bis zu diesem Zeitpunkt in der Beziehung zu mir selber kreiert habe.

Deshalb weiss ich, fühle und erlebe ich mit meinem ganzen Sein, dass das, was hier zusammengefasst ist, funktioniert.

Ich wünsche Ihnen Erkenntnis, Freude und Spass. Möge die Saat von: »sich selber lieb sein« aufgehen wie die Sonne am Horizont.

Falls Sie Fragen haben oder sonst was mitteilen möchten, freue ich mich auf eine E-Mail, ein Telefon, einen Fax oder einen Brief von Ihnen.

Herzlichst, Elke Walker

Und noch etwas...

Ich möchte an dieser Stelle all den Menschen danken, die uns geschrieben oder sich in sonst irgendeiner Form gemeldet haben. Durch diese Erzählungen habe ich immer wieder festgestellt, dass die Menschen mit dem Lebensgesetz »Die Welt ist, was ich von ihr denke« versuchen ihr Denken zu verändern oder es als positives Denken benutzen! Nur: Darum geht es bei 1zu1 nicht. Es ist ein hoffnungsloses Versuchen – es erzeugt nämlich 'Misserfolg'. Wenn ich Birnen habe und Kirschen möchte, 'muss' ich zuerst verstehen, wie ich die Birnen kreiert habe.

Wenn ich merke (erkenne), dass ich einen Glaubenssatz, der sich nicht so günstig auf mein Leben auswirkt, in meinem Bewusstsein habe, dann erzeugt die Saat von Verdrängen (positiv Denken) wiederum eine Ernte. Positiv Denken ist so wie: Ich muss eine Rechnung bezahlen und kann im Moment die Rechnung nicht bezahlen. Spätestens jetzt fange ich an zu denken: »Ich bin reich und habe viel Geld«, damit ich später die Rechnung bezahlen kann (Bedingung, Wunsch, Hoffnung, positives Denken, etwas, was jetzt nicht ist, zum Funktionieren bringen, Ziel usw.). Dieses positive 'Darüberstülpen' über das, was ist, verhindert nicht, dass die Mahnung auf diese nicht bezahlte Rechnung folgt. Ich muss auch mein Denken nicht verändern. Denn ein kreierter Gedanke ist kreiert. Der ist da und nicht möglich zu verändern, er ist ganz einfach. Man kann den Gedanken, der einen hindert, nur im vollen **Annehmen**, was der Gedanke bis jetzt erzeugt hat, beiseite legen. Und dann steigt automatisch ein anderer mir dienlicher Gedanke in mein Bewusstsein. Der andere Gedanke findet automatisch den Weg in mein Bewusstsein. Dieser neue Gedanke ist bereits da, den muss ich nicht erfinden. Das ist eine Sache meines Bewusstseins, der Augenblick jetzt (das Leben), der weiss das alles.

Das, was jetzt ist (meine Situation, meine Gefühle, meine Emotionen, die Materie um mich herum, der Moment jetzt gerade usw.), ist perfekt und je mehr ich das spüre und anerkenne, desto mehr lebe ich, und der Rest folgt von alleine. Was als Ernte zu mir gelangt, darüber muss ich mir keine Gedanken machen. Das Leben ist perfekt organisiert, alles ist immer so, wie es sein soll und dient meinem 'Aufwachen', sonst wäre es nicht so. Im vollen Bewusstsein und **im Annehmen von dem, was mich jetzt umgibt und ist**, entspringt der Reichtum und die Fülle des Lebens, meines Lebens.

Übrigens, Sie müssen mir das nicht glauben. Wenn Sie es ausprobieren, erfahren Sie es selbst. Nur wer es erfahren hat, weiss, dass es so ist. Der Rest der Menschen, die es nicht ausprobiert haben, haben es nicht erfahren und leben immer im Zweifel und in der Ungewissheit, ob es wirklich so ist. Es ist Ihre Entscheidung und Ihre Wahl. Das Paradies ist jetzt, hier in diesem Augenblick.

Angebote und Produkte, die bisher im 1zu1-Verlag erschienen sind:

Der 1zu1 »Taschen-Workshop« zum Thema Reichtum und Geld. ISBN 3-9521678-2-7

Das 1zu1-Buch »Der 1zu1 'Reiseführer'. Das ultimative Abenteuer. Das Ende aller Probleme. Ein Weg ins Paradies«. ISBN 3-9521678-1-9

Die 1zu1 »Delikatessen«. Die 1zu1-Publikation mit den jeweils aktuellsten 1zu1-Texten sind per Post 10 bis 12 Mal pro Jahr erhältlich.

Die 1zu1 »Online-Delikatessen«. Die jeweils aktuellsten 1zu1-Delikatessentexte online (auch als PDF-Datei zum Ausdrucken).

Die 1zu1-Workshops. Jeweils ein intensiver Tag mit Elke und Björn zu den Themen »Reichtum und Geld« und »Beziehungen«.

Die 1zu1-Gespräche. Die Möglichkeit, ein Problem mit Elke und/oder Björn Walker alleine zu besprechen.

Das 1zu1-Buch »Endlich Zeit haben.... Die 7 wichtigsten Zeitmanagement-Tricks, weshalb sie *nicht* unbedingt funktionieren und eine Alternative dazu«. ISBN 3-9521678-0-0

Die 1zu1-Mini-Büro-Software. Die Software als Ergänzung zum Buch »Endlich Zeit haben…«. Nie mehr eine Agenda kaufen. Demoversion zum Herunterladen auf der WebSite www.1zu1.ch verfügbar.

Die 1zu1-Mini-Büro-Mappe. Die exklusive 1zu1-Mappe aus feinstem Leder als Ergänzung zum Buch »Endlich Zeit haben…« und zur 1zu1-Mini-Büro-Software. Bilder finden Sie auf der WebSite.

Unsere Koordinaten zurzeit:
1zu1-Verlag und 1zu1 Erfolg durch Bewusst-Sein, Dörfli 1,
CH-3046 Wahlendorf, Telefon +41 31 828 80 88, Fax +41 31 828 80 80,
Web: http://www.1zu1.ch, elke@1zu1.ch oder bjoern@1zu1.ch

1 zu 1